AF470088

RELATION

*De l'attentat commis contre la personne
du* ROI DE POLOGNE, *envoyée
de Varsovie.*

MICHEL Jean Pac en sa qualité de Maréchal général de la confédération de
Lithuanie, & occupant la place du Maréchal
général de la couronne absent; ayant ordonné
par acte authentique signé de sa main, muni
des sçeaux de la confédération, daté du camp
sous Konieczna le 9 Août 1770. ayant, dis-je
au nom des Etats confédérés séculiers & Ecclésiastiques, ordonné le Régicide dans ces termes.

„ Lavez l'opprobre de la Nation dans le sang
„ du Tyran Staniflas Poniatowski. Dieu offen-
„ sé dans ses mistères vous l'ordonne, la Re-
„ ligion blessée l'attend, les Loix, la liberté,
„ la Patrie prête à périr vous y invitent.
„ Auflitôt que nous serons délivrés des trou-
„ pes ennemies, nous convoquerons une
„ assemblée genérale, nous prononcerons l'ar-
„ rêt contre les enfants perfides de la Patrie.

A

,, Quant à Staniſlas Poniatowski, Intrus, uſur-
,, pateur & tyran, en cas qu'il cherche encore
,, à ſe ſoutenir, à ſe former un parti, qu'il
,, veuille ſe mèler des affaires publiques, non
,, ſeulement nous permettons à tous & un cha-
,, cun, mais de plus nous ordonnons & enjoi-
,, gnons pour le bien public, de pourſuivre
,, lui & ſes adhérents, comme des tètes proſ-
,, crites, & de le faire périr par toutes les
,, voyes ouvertes poſſibles & cachées. "

Cet ordre vient d'être exécuté de la manière
exprimée ci-deſſous.

Dimanche 3 Novembre 1771. entre 9 & 10.
heures du ſoir, le Roi revenoit de chez le
grand Chancelier de Lithuanie qui étoit incom-
modé, ſa ſuite étoit peu nombreuſe; le carroſſe
n'étoit précédé que par deux hommes à cheval
portants des flambeaux, ſuivi de quelques of-
ficiers d'ordonnance, de deux gentilshommes,
& d'un ſous-Ecuyer. Le Roi avoit ſon aide
de camp dans ſon carroſſe, deux pages étoient
aux portières, deux Hayduques & deux valets
de pied derrière. La nuit étoit obſcure: le Roi
n'étoit pas à deux cens pas de l'hôtel du grand
Chancelier, entre ceux de l'Evêque de Cracovie
& le feu grand genéral de la Couronne, lorſ-

que ceux de fa fuite qui précédoient, furent féparés du cortége par plufieurs hommes à cheval , qu'ils prirent pour une patrouille Ruf-fe , parce qu'ils affectoient de parler Ruffe en croifant les chevaux ; auffitôt que ces pre-miers eurent tourné la voiture en affez grand nombre pour l'envelopper par derrière, une feconde troupe partie de différents endroits, où elle s'étoit tenue en embufcade fondit avec impétuofité fur les premiers chevaux du ca-roffe, un des affaffins appuyant fon piftolet fur le poftillon, le força de s'arrêter ; on tira fur le cocher, tous fe précipitèrent aux portières, un des Hayduque qui les défendoit, tomba percé de deux balles, l'autre fut abbattu d'un coup de fabre fur la tête, le cheval du fous-Ecuyer s'abbatit bleffé ; un des pages fut dé-monté , & fon cheval pris ; le carroffe fut percé ; les balles fiffloient de tous côtés, plufieurs pafferent dans la peliffe du Roi qui defcendu de voiture penfa à regagner l'hôtel de fon oncle dont il venoit de fortir. Lorfqu'il fut reconnu, fes affaffins le faifirent aux cheveux en lui difant ,, nous te tenons enfin ton heure eft venue. "
Il fut défarmé dans l'inftant, un de fes affaf-fins lui tira un coup de piftolet de fi près qu'il

ſentit la chaleur du feu, un ſecond lui déchar-
gea un coup de ſabre ſur le haut de la tête
qui entama le crâne & fit une large bleſſure, le
coup ayant porté ſur la tête nuë.

L'empreſſement avec lequel chacun cherchoit
à frapper, fit qu'en ſe pouſſant les uns les autres
aucun ne put porter à fond & Sa Majeſté en
reçu la plus grande partie ſur la peliſſe. Enfin
ces malheureux la ſaiſirent de droite & de gauche, & la preſſant entre leurs chevaux qu'ils
commencerent de pouſſer à toute bride, ils
la trainèrent ainſi au milieu d'eux juſqu'au bout
de la ruë.

Pendant que cela ſe paſſoit le ſous - aide de
camp avoit couru au chateau dont il avoit conduit la garde au lieu où le coup venoit d'être
fait. L'attaque avoit été ſi bruſque, le feu
ſi violent que ce qui n'avoit pas été bleſſé ou
démonté fut diſſipé. On ne trouva que le chapeau du Roi & ſa bourſe à cheveux enſanglantés.
Les aſſaſſins étoient au nombre de quarante
qui voyant que le Roi trainé dans les boues
au milieu de leurs chevaux perdoit la reſpiration
& n'étoit plus en état de les ſuivre de la ſorte,
le mirent ſur un de leurs chevaux ; après quoi
ils pourſuivirent leur courſe juſqu'au foſſé qui
entourre la ville. Le Roi fut contraint de le

franchir avec eux ; deux fois son cheval s'abbatit, & à la seconde chute se cassa la jambe ;
dans ces mouvemens violents le Roi perdit sa
fourrure. Les assassins ayant mis le fossé entre
eux & la ville, se jetterent sur lui, le dépouil-
lèrent de ses ordres & de tout ce qu'il avoit à
l'exception de son mouchoir qu'il leur demanda
& de ses tablettes qui échappèrent à leur con-
noissance.

Il paroît que ce fut dans cet endroit qu'ils
se séparèrent, pour porter sans doute à ceux
qui les avoit armés, la nouvelle de la réussite
de leur entreprise, & pour en donner une
preuve convaincante en montrant l'ordre de
l'Aigle noir que Lukawski un de leur chefs,
emportoit avec lui, car de quarante qui avoient
attaqué le Roi il n'en resta plus que sept après
qu'on eût franchi le fossé, c'étoit apparemment
ceux qui étoient chargés de consommer le crime.

La nuit étoit si obscure qu'à peine s'entre-
voyoient-ils, ils ne tenoient aucune route
certaine, une partie s'avançoit en sondant le
terrein dans les marais ou les chevaux s'em-
bourboient à chaque pas ; ils mirent pied à
terre, le Roi fut forcé de les suivre, ayant
même perdu son soulier gauche qui étoit resté

A 3

dans la bouë à l'endroit où le cheval s'étoit caſſé la jambe.

Ils errèrent ainſi longtems, tantôt à pied, tantôt à cheval tenant le Roi par chaque main panché ſur le devant d'une ſelle très élevée qui le bleſſoit, & les étriers trop courts de moitié; lui froiſſant les jambes en le preſſant entre leurs chevaux, & comme le Roi étoit ſans bottes, ſes jambes furent bientôt toutes en ſang. Enfin le Roi ne pouvant plus ſoutenir une ſituation auſſi pénible leur dit. „ Si vous „ voulez que je vous ſuive donnez-moi un au-„ tre cheval, & une botte " : ils y conſentirent, parce que le Roi s'étant apperçu qu'ils ne ſavoient où ils alloient & qu'ils prenoient le chemin d'un village nommé Burakow, leur avoit dit „ N'allez pas de ce côté, il y a des „ Ruſſes " cet avertiſſement qui leur avoit fait croire qu'il ne cherchoit pas à leur échapper les avoit radoucis. Juſqu'à ce moment le Roi n'avoit ceſſé d'entendre les aſſaſſins demander à leur chef; s'il étoit enfin tems de le maſ-ſacrer, & ces demandes avoient redoublé à proportion des difficultés qu'ils trouvoient à s'éloigner, mais leur chef leur avoit toujours ordonné d'attendre.

Le trouble & la confternation régnoient dans la ville, le danger y paroiffoit augmenter à proportion de la crainte ou l'on étoit de ne porter qu'un fecours funefte en voulant fuivre les raviffeurs du Roi.

Le grand Chambelan Prince Poniatowski frère du Roi & le Prince Czartoryski général de Podolie fon coufin, fuivis de plufieurs Seigneurs qui avoient appris le malheur du Roi, étoient fortis à cheval fur les indices qu'on pût recueillir des lieux par lefquels les affaffins avoient paffé; ils fuivirent leurs traces jufqu'au foffé, on y trouva la peliffe du Roi enfanglantée, percé de balles & de coups de fabre; cette vuë mit le comble à la douleur, on n'ofat prefque plus fe flatter, que le plus affreux des crimes n'eût été confommé.

. Cependant à mefure que les affaffins s'avan-çoient dans le bois de Bielany leur nombre diminuoient, ou la laffitude des chevaux, ou une frayeur aveugle les écartoit. Lorfqu'ils entendirent l'appel d'une vedette Ruffe, ils n'étoient plus que trois, cet appel les arrèta, ils tinrent confeil, en le finiffant, deux s'éloi-gnèrent avec précipitation, s'enfoncèrent dans le bois, & laifferent le Roi avec celui qui paroiſſoit leur chef, l'un & l'autre à pied. Le Roi épuiſé lui dit enfin. „ Si vous voulez me „ mener vivant ſouffrez que je me repoſe un „ inſtant “ mais lui le menaçant de ſon ſabre le força de marcher en l'aſſurant qu'une voiture les attendoit au-delà du bois. Ils arrivèrent ainſi juſqu'au couvent de Bielany à une lieuë de Varſovie. L'aſſaſſin parut alors occupé de quelque choſe de ſérieux : tout-à-coup il s'écria, „ Vous êtes pourtant mon Roi „ ouï lui ré- „ pondit le Roi & même un bon Roi qui ne „ vous a fait & ne vous veut aucun mal. L'aſ- „ ſaſſin . . . mais les Ruſſes nous attaquent „ juſques dans nos maiſons (*) . . . . Le „ Roi . . ſi vous étiez mieux informé vous „ ſçauriez que c'eſt moi qui intercéde continuel- „ lement pour vous auprès des Ruſſes mêmes „ lorſque vous êtes leurs priſonniers. Ne ſçavez „ vous pas que ce ſont vos chefs qui ont ap- „ pellé ces mêmes Ruſſes dans le païs & puis „ ſe ſont brouillés enſuite avec eux. Aujour- „ d'hui même j'ai obtenu un ordre des Géné- „ raux Ruſſes pour que du moins on n'in- „ quiète pas ceux d'entre vous autres confédé-

(*) NB. L'Ecrit *ſub B.* ſervant à éclaircir cette ob-jection, Sa Majeſté a ordonné de vous l'envoyer.

„ rés qui demeurent dans leur villages & qui
„ ne font pas fous les armes. "

Pendant ce Dialogue ils n'avoient pas difcon-
tinué d'avancer ; mais le Roi qui s'apperçut que
fon conducteur étoit fi troublé qu'il ne recon-
noiffoit plus le chemin, lui dit. „ Je vois que
„ vous ne fçavez plus de quel côté tourner vos
„ pas, laiffez moi entrer dans ce couvent &
„ fauvés vous. „ Non reprit l'affaffin „ j'ai prêté Serment : " cependant en le fuivant toujours, le Roi prit occafion de fa réponfe pour
lui montrer qu'aucun ferment n'avoit pu le délivrer de celui de la fidélité qu'il devoit à fon
Roi. Tout en errant dans cette nuit pluvieufe
ils fe retrouverent près de Marimont, (maifon
de campagne appartenante à la Cour de Saxe
& plus proche d'une demi lieue de Varfovie
que Bielany) alors, foit que cet homme crut
qu'il retrouveroit quelqu'un des fiens dans cet
endroit, car il jettoit les yeux de tous côtés ;
foit qu'il eût déja quelques autres idées, il
marqua une efpèce de fatisfaction de s'y voir.
Le Roi épuifé lui demanda de le laiffer repofer,
il y confentit ; le Roi s'affit fur l'herbe en re-
prenant avec douceur ce qu'il avoit commencé à
lui dire fur la nature des fermens, il lui mon-

ra toute l'horreur & la nullité de celui qu'il avoit prêté : „ mais dit alors l'affaffin, fi je vous „ mène à Varfovie, on me prendra je ferai „ malheureux. “ Cette idée le replongeoit dans fes doutes. „ Il ne vous fera fait aucun mal, re- „ prit le Roi, mais fi vous ne croyez pas à ma „ promeffe, fauvez vous pendant qu'il eft encore „ tems : de quel côté que vous fuyez, fi on „ me rencontre, j'indiquerai une route oppofée „ à celle que vous aurez prife en effet. “ A peine finiffoit-il ces dernières paroles, que celui-ci tombant à fes pieds, les baifa, demanda pardon, fe remit à fa générofité, & lui protefta une fidélité éternelle. Sa Majefté lui accorda fa grace, & lui donna fa parole Royale qu'il ne lui feroit fait aucun mal.

Après cette fcène le Roi s'eft approché d'un moulin qui étoit à quelque diftance de lui, fon conducteur a longtems frappé inutilement, tout y dormoit, enfin Sa Majefté y a été reçue fous le nom d'un Seigneur dépouillé par des brigands : De là Sa Majefté a écrit un billet au Général Coccey commandant des gardes de la Couronne, pour l'informer du lieu où elle fe trouvoit. Ce général eft bientôt arrivé avec un détachement, il a trouvé l'affaffin du Roi affis devant son lit avec son sabre nud , & le Roi assoupi sur un méchant grabat , il se précipita aux pieds de sa Majesté. Les Hôtes de la maison l'ayant entendu nommer firent la même chose. M. Coccey donna sa fourrure & son chapeau au Roi qui avoit perdu l'un & l'autre. Enfin Sa Majesté étant montée en voiture est arrivée en ville sur les cinq heures du matin à la lueur des flambeaux & au milieu des acclamations de ses gardes, de sa maison & d'une quantité prodigieuse de personnes de tous rang , tant de celles qui étoient montées à cheval pour la sécourir , que des autres qui ayant appris son heureux retour se sont empressés d'aller au devant d'elle.

C'est ainsi que par une suite de circonstances qui tiennent du miracle le Roi évita le sort que lui préparoient ses assassins. Les dépositions de leur chef devenu comme on l'a vû le libérateur du Roi, portent 1°. Qu'il s'appelle Kosinski. 2°. Qu'il a été choisi par le Régimentaire général de la confédération Pulawski, lui Kosinski avec deux autres Lukawski est Strawinski pour l'exécution de cet attentat contre la personne du Roi. 3°. Que le dit Régimentaire Pulawski leur a fait prêter serment sur le crucifix qu'il tenoit

entre fes mains d'enlever Sa Majefté ou de l'afaf-
finer s'ils ne pouvoient fe faifir de fa Perfonne.
4°. Que ces trois principaux perfonnages s'é-
toient choifis les 37. autres par qui ils avoient
été fécondés. 5°. Qu'ils font partis de Czenftochow depuis quatre femaines ayant rodé dans
les environs de Varfovie, depuis ce tems-là jufqu'au famedi 2 Novembre jour auquel ils font
entrés dans la ville déguifés en païfans, leurs
chevaux attelés à des chariots chargés de foin
& de grains fous lefquels étoient cachés leurs
habits, leurs felles & leurs armes : ils ont lo-
gé chez les Dominicains jufqu'au moment ou
iis ont frappé leur coup, (on appelle ici Dominicains les moines qu'on appelle Jacobins en
France.) 6°. Les mèmes dépofitions portent
que pendant les 24 heures qui ont précédé
l'accident la troupe des affaffins étoit avertie de
chaque pas que faifoit Sa Majefté par le nommé Strawinski un de leurs chefs; lequel ayant
reçu diverfes aumônes du Roi quelque tems auparavant s'étoit habitué à aller fouvent au chateau dont il connoiffoit tous les etres.

Le foi-difant Kofinski eft gardé au chateau &
traité avec douceur; le nom qu'il s'eft donné eft
fuppofé. Une maifon noble fous la dénomina-

tion de Kofinski protefte contre cette ufurpation. On fait à préfent qu'il eft d'une condition obfcure né en Volhynie.

Les Cofaques envoyés à la pourfuite des affaffins ont été fur le point de fe faifir d'un des principaux auteurs nommé Lukawski, mais il s'eft échappé bleffé, & en chemife dans dans les bois. Dans fa dépouille on a trouvé une lettre à lui fignée de la main de Pulawski dans laquelle celui-ci l'encourage à exécuter l'entreprife dont il s'eft chargé fous ferment, & lui promet au nom de la Généralité le brevêt de Colonel en récompenfe.

Les réflexions qui découlent de ce qui eft ci-deffus, font aifées a faifir. Les Confédérés font convaincus d'êtrecous pables d'un attentat affreux qui fait horreur à l'humanité. Ils ont abufé de la manière la plus profane de la Religion. Ils ont trahi eft déshonoré la protection étrangère qui leur étoit accordée, les Turcs combattent pour des affaffins, des Puiffances refpectables & trompées les favorifent.

EXTRAIT

De la réponfe d'un Polonois à une Lettre inférée dans le premier Tome du
Journal de Francfort. page 113 Titre.
*Traduction d'une Lettre addreffée au Roi
de Pologne , par un Confédéré en date du
1er. Novembre 1770. Pour l'engager à
renoncer au fiège de Czenftochow.*

JE ne fçai , Monfieur, quel jugement vous
avez porté de cet écrit , il paroît qu'en lui donnant place dans un recueil dont vous voulez
bannir les productions de la malignité vous l'a-
vez regardé comme renfermant des vérités dignes
de l'attention publique. Vous avez été féduit
peut-être , par le ftyle pathétique qu'on y affecte.
Vous avez cru y reconnoître la plume d'un citoyen zélé pour fa Patrie & fa Religion ; cependant, Monfieur, ce citoyen n'eft autre chofe
qu'un impofteur , qui bien inftruit de la vérité ,
bien perfuadé que le Roi de Pologne n'eft en
aucune manière coupable des chofes qu'il lui
reproche , vouë cependant fa plume à la ca-

lomnie contre fon légitime fouverain. Si je pou-
vois, fans indifcretion, vous révéler le vil
motif de cette infâme fatire, vous verriez la
Religion & la Liberté prèter leur noms à la vengeance & à des mécontentemens perfonnels ;
vous verriez dans l'origine de ces mécontentemens la peine méritée d'une conduite indécente
& téméraire.

On lit dans le titre de ce libelle qu'il eft deftiné
à engager le Roi de Pologne à renoncer au fiége
de Czenftochow. C'eft donc lui qui l'a ordonné ; les Ruffes font fes Troupes auxiliaires ;
Elles obéiffent à fes ordres ; & de concert avec
elles, il veut opprimer la liberté de fes Sujets !
Ces odieufes calomnies ont abufé une partie
de la Nation , & peuvent tromper auffi des
Etrangers à qui nos affaires font abfolument in-
connues. Il faudroit fans doute les abandonner
à leur abfurdité ; fi cette pièce ne tomboit qu'entre les mains des gens inftruits ; mais elle par-
court l'Europe inférée dans des papiers publics ;
Elle ira jufques dans les endroits les plus récu-
lés donner des ennemis à un fouverain qui n'a
d'autre tort que celui de n'ètre pas heureux.
Mon cœur a été vivement touché de cette af-
freufe injuftice , & je me reprocherois de n'a-

voir pas mis tous mes foins à défabufer les hon-
nêtes gens qui pouroient s'être laiffez prévenir.

Il n'eft perfonne à Varfovie qui n'ait été informé dans le tems des démarches publiques &
particulieres que le Roi de Pologne a faites pour
empêcher le fiege de Czenftochow. Par fon ordre, le Miniftère a repréfenté à l'Ambaffadeur de
Ruffie combien il défiroit qu'un lieu auffi cher
à la dévotion publique fut épargné. Les Miniftres étrangers réfidens ici en ont été les té-
moins. L'Auteur connu du libelle ne l'a certai-
nement pas ignoré. C'eft à Varfovie qu'il la
compofé près de deux mois après la réquifition
Miniftériale dont il eft queftion, & environ fix
femaines après que l'entreprife qu'il fait fem-
blant de vouloir détourner, avoit échoué. Il a
antidaté fa lettre, & le but qu'il lui fuppofe
d'engager le Roi à renoncer au fiege de Czenftochow eft entiérement imaginaire, & devoit
fervir de prétexte au tiffu de méchanceté auquel il vouloit donner cours.

L'Auteur ofe interroger le Roi de Pologne
& lui demander „ comment l'on peut concilier
„ fes fermens avec la trame odieufe de Radom? ‟
C'eft de ces paroles que découle tout le venin
répandu dans cette piece. Vous faurez Monfieur,

que

que c'eſt à Radom que s'eſt formée la Confédération en faveur des Diffidens , & que c'eſt là
que ſe font faites les premieres ébauches de l'ouvrage contre lequel la Nation eſt aujourd'hui
foulevée. En inſinuant , comme l'Auteur le fait ,
que c'eſt par les ordres du Roi que cette Confédération a été formée on fait tomber ſur lui tout
l'odieux de cet ouvrage , il eſt dès lors l'auteur
des malheurs qui l'ont ſuivi. Cette impoſture
eſt de la même eſpèce que celle qu'on vous a fait
obſerver ci-deſſus , & le Roi n'a pas eû plus de
part à tout ce qui s'eſt réſolu à Radom qu'au
ſiège de Czenſtochow que le libelle lui attribue.
En voici , Monſieur , des preuves de la derniere évidence.

Les chefs de cette Confédération étoient tous
des ennemis du Roi. (on en verra ci-après les
raiſons) Ils projetterent ſon Détroncment , offri-
rent à ce prix leurs ſervices à la Ruſſie pour introduire en Pologne une égalité parfaite entre
les Catholiques & les Diffidens ; arrangérent
entr'eux des réformes dans le Gouvernemẽnt ,
cherchèrent à les faire approuver par l'Ambaſſadeur de Ruſſie & demandèrent que l'Impératrice les leur garantit. Quatre membres de leur
aſſemblée partirent pour Moſcou avec le titre

B

d'Ambaſſadeur : Leurs inſtructions portoient des plaintes contre le Roi , * la demande de la garantie , & la promeſſe de faire rétablir les Diſſidens dans leurs anciens droits. L'Impératrice reçut les plaintes contre le Roi ſans daigner y répondre , ſe refuſa au projet du Détronement , mais accorda aux délégués la promeſſe de la garantie , & accepta leurs offres en faveur des Diſſidens.

Les Chefs de Radom déçus dans leur vuë principale , mais engagés avec la Ruſſie par leurs démarches imprudentes , furent dans la néceſſité de pourſuivre & d'achever enfin l'ouvrage dont ils s'étoient chargés ſans toutefois en recevoir le prix attendu. Sitôt qu'il fut conduit à ſa fin ils ſe virent à la veille de devenir les objets de la vengeance publique , & mirent tous leurs ſoins à tromper la Nation en lui perſuadant qu'ils n'avoient été que les inſtruments de la politique du Roi , ſeul & vrai Auteur , diſoient-ils du Traité odieux qui ſtipuloit l'égalité des Diſſidens & la garantie de la Ruſſie pour la forme du Gouvernement. Pour donner plus de poids à leur calomnie on les vît bientôt après

* Elles ſont conſignée dans les Protocoles de leurs actes remis en 1768. dans les archives du Royaume.

occupés à fouffler la Confédération de Bar, formée pour détruire leur propre ouvrage de Radom. Cette inconféquence finguliere les jufti-
fia cependant auprès de la claffe la moins éclai-
rée de la Nation, à laquelle il parût impoffible
que des gens qui fe liguoient pour détruire le
Traité, euffent travaillé volontairement quelque
tems auparavant à le faire réuffir; de forte que
le Roi, fans y avoir d'autre part que celle de
n'avoir pû s'oppofer feul au torrent, demeura
pourtant aux yeux de la multitude trompée,
chargé feul du blâme public.

Croiriez-vous bien, Monfieur, qu'un des
quatre perfonnages qui avoient été à Mofcou
en 1767. fous le titre d'Ambaffadeur de la Confédération de Radom pour demander à l'Impératrice fa garantie & lui offrir leurs fervices dans
l'affaire des Diffidens, eft celui-là même qui
réfide de la part de la Confédération de Bar à
Paris pour y obtenir des fecours contre la Ruffie,
& pour ménager la deftruction de l'ouvrage de
celle de Radom, où il jouoit un des premiers
Rôles? Croiriez-vous que celui qui a été Maréchal à Radom eft un des principaux chefs de
l'affemblée d'Eperriés dans laquelle réfide le
Gouvernement de celle de Bar?

B 2

La conduite irréguliere & contradictoire de ces Meffieurs décèle le vrai motif de leur zèle apparent pour la Religion, les loix & la liberté. Vous avez vû, Monfieur ce qu'ils ont fait à Radom & à Mofcou dans l'efpérance du détrônement du Roi régnant. Vous les voyez aujourd'hui à Eperriés fous le nom des défenfeurs des loix & de la liberté publier l'interrégne & ordonner le Régicide. Tantôt accufant le Roi en Ruffie de mettre obftacle au fuccès de l'affaire des Diffidens ; tantôt irritant la Nation contre lui en lui perfuadant qu'il eft l'Auteur du Traité qui les favorife. Ainfi toujours incertains & changeants dans leurs démarches, ils n'ont cependant qu'un but permanant qui eft la perte de leur Souverain légitime. C'eft dans cette vuë qu'ils ont appellé les Turcs en Pologne, c'eft pour affouvir leur vengeance que l'Ukraine Polonoife & la Podolie ont été ravaées, les villes & villages détruits, les habitans maffacrés, ou réduits à l'efclavage par les Mufulmans. La pefte qui vient d'enlever deux cent mille ames à la Pologne eft un des fruits de la guerre & par conféquent celui des intentions malfaifantes qui l'ont fomentée. Soixante mille Polonois de tout âge & de tout fexe ont péri victimes des défordres publics. Voilà, Monfieur, les effets qu'a produit une haine injufte fous le voile de la Religion & de la Liberté.

Mais quelle eft l'origine de cette animofité contre le Roi, comment ces Meffieurs ont-ils pû la communiquer à une partie de la Nation? C'eft, Monfieur, ce que je vais vous apprendre d'une manière un peu détaillée.

La plûpart des Chefs de la Confédération de Bar font des perfonnes qui fous le Régne du feu Roi jouiffoient du crédit & des égards attachés à la faveur. La mort d'Augufte III. les fit rentrer dans l'égalité. Ils firent quelques tentatives inutiles pour donner à ce Prince un fucceffeur dans fa maifon qui put perpétuer la grandeur de ceux qui s'étoient voués à fes intérèts. Vous favez que les circonftances fervirent mal ces projets & qu'un Roi Piaft fut élu au gré du refte de la Nation. Il fallut obéïr à la néceffité ; ils fe foumirent, mais on entendit dès lors l'un d'entr'eux jurer de troubler tant qu'il vivroit un Régne qui n'étoit pas de fon goût, quoiqu'il ait été un de ceux qui ont voté en perfonne à fon Election. Voilà, Monfieur, le premier motif de l'acharnement des Chefs de la Confédératien contre la perfonne du Roi. Le fecond eft, les limites marquées fous ce régne à l'autorité oppreffive de quelques-unes des plus grandes charges de l'Etat, dont ils fe trouvent revètus. Vous trouverez ci-deffus des détails fur cet article que je ne fais qu'indiquer ici. Ces deux griefs combinés ont été les vrayes & uniques caufes qui ont décidé la haine de ces Meffieurs & les démarches qu'ils fe font permifes.

Comment ont-ils pû la faire partager à une partie de la Nation ? Vous allez, Monfieur, en être informé par ce qui fuit.

Il eft généralement connu que le Roi régnant avant & depuis fon Election a toujours été d'opinion que d'améliorer le fort des Diffidens en Pologne feroit une chofe auffi défirable pour ce Royaume que conforme à l'humanité. D'après ce principe, il fe prèta fur les inftances preffantes que lui fit la Ruffie dès la Diette de Couronnement, à concourir à cette fin. Alors ce qu'exigeoit cette Cour pour les Diffidens, n'alloit pas au-delà des précautions néceffaires pour les fouftraire à l'oppreffion qu'ils fouffroient, & à leur procurer dans leur Patrie les bienfaits d'une tolérance renfermée dans les bornes légitimes. Le fiftème de l'égalité parfaite n'ayant été adopté par la Ruffie que lorfqu'elle eut été bravée par les confeils imprudents qui décidérent le refus complet de tout ce qu'elle avoit demandé. C'étoit cette extrèmité dangereufe que le Roi vouloit prévenir , lorfqu'il empècha lui feul & en parlant extraordinairement en perfonne dans une féance très-vive à la Diette de 1766. que la loi abfurde & barbare que propofoit l'Evèque de Cracovie Sottyk ne paffât. Par cette loi quiconque parleroit jamais en Diette en faveur des Diffidens devoit ètre profcrit *ipfo facto*. Cet Evèque & les Chefs de la Confédération ont pris de là occafion de perfuader au gros des Polonois encore très-intolérants & très-enthoufiaftes , que leur Roi n'étoit pas zèlé comme il le devoit pour la Religion Catholique Romaine. Cependant ils favoient (& c'eft ce qu'ils ont eû l'impudence de nier devant la Nation) que le Roi s'eft conftamment refufé d'admettre les Diffidens à partager la Légiflation en Pologne , dans la perfuafion que c'étoit une prérogative inaliénable & exclufive de la Religion dominante & qu'on ne pouvoit altérer fans un bouleverfement funefte. Ils ont eû de mème la méchanceté infigne de cacher à la Nation que c'eft au Roi feul , à fes inftances fermes & réïtérées que l'on a dû en 1767. le renouvellement des loix pénales statuées dès longtems contre ceux des Polonois qui quitte-roient la Religion Catholique. Le Roi tout exemt qu'il est des préjugés du bigotisme & de l'esprit persécuteur a cru devoir ce soin au serment qu'il a fait à son avénement au Trône, de pro-téger & de conserver la Religion Catholique dans son entier. Il lui parut que sans cette bar-riere, l'égalité d'avantage que la force des cir-constances avoit procuré en 1767. aux Diffi-dens, seroit pour les Catholiques un appas qui engageroit peut-être un grand nombre d'entr'eux à passer à une Religion plus commode. C'est ainsi qu'en taisant ce que le Roi a fait en faveur de sa Religion & en lui imputant ce qu'il n'a point fait contre elles les Chefs des Confédérés sont parvenus à aliener le cœur de la partie de la Nation qui a déclaré l'Interrégne. Il est sans doute inutile de vous faire observer combien un motif si populaire, habilement insinué & entretenu est propre à échauffer des esprits ignorans & en-thousiastes & à les faire consentir aux plus af-freux attentats. C'est aussi ce que les Chefs de la Confédération ont exécuté ; on a vû un acte public revètu de toutes les preuves de l'authenticité ordonner de leur part le Régicide, & le recommander comme un devoir de Religion & de patriotifme. L'événement du 3 Novembre en a été la conféquence néceffaire. La Nation trompée dans les intérêts de la Religion, l'a été de même dans fes intérêts politiques. On lui a perfuadé que le Roi vifoit à faper les fondemens de fa liberté, à bouleverfer la conftitution primitive, & voici fur quoi repofe cette accufation.

1°. Les caufes de la dégradation de la monnoye de Pologne dattent de la derniere guerre d'Allemagne, la néceffité de faire une refonte & de corriger fon pied de monnoye étoit indifpenfable. La République prévit bien qu'il y auroit des embarras & des frais confidérables, elle en chargea le Roi en lui attribuant le droit de monnoyage qu'elle s'étoit refervé fans en ufer fous plufieurs Régnes antérieurs. Une pareille refonte eft un remède dont les premieres fenfations font toujours douloureufes pour les individus. Les Chefs de la Confédération s'en prévalurent déja à Radom pour aigrir les avares mécontens contre le Roi. Ils firent envifager cette marque de la confiance publique (que le Roi a trop juftifié à fes dépens) comme un avantage lucratif pour le Roi, & oppreſſif pour la Nation. Beauçoup de perſonnes le crurent ſans examen ſur la foi des déclamateurs.

2°. Les derniers Prédéceſſeurs du Roi régnant avoient eû comme Electeurs de Saxe une force réelle & propre à eux, c'eſt ce qui fut cauſe que la République jalouſe ne leur accorda qu'une autorité aſſez limitée ſur les Régimens des gardes qu'elle ſoudoie. Le Roi régnant n'ayant d'autre appui militaire de ſa dignité que ces mèmes gardes, elles lui furent ſoumiſes plus particuliérement par les *Paſta Conventa*. Les Chefs de la Confédération ont pris de là occaſion de repréſenter le Roi à la multitude comme un ſouverain armé & menaçant la liberté de ſon pays. Cependant ces gardes ne font que la dixième partie des troupes de l'Etat reſtées dans l'indépendance du Roi.

3°. Dans un pays où l'on craint & circonſcrit ſi fort l'autorité des Rois, il étoit naturel que le pouvoir militaire abſolu confié en Pologne aux ſeuls grands Généraux avec une autorité plus étendue que n'étoit autrefois celle des connétables de France, fit paroître les citoyens qui s'en trouvent revètus trop puiſſans & trop dangereux, d'autant que différens faits, dont la mémoire étoit récente , rendoient la vérité de cette obfervation encore plus évidente. La Diette de Couronnement ordonna donc que l'autorité des grands Généraux feroit déformais partagée entr'eux & un confeil de guerre. Elle fe détermina d'autant plus volontiers à cette inftitution qu'elle rendoit par là l'influence de fes Rois fur le militaire plus difficile ; puifqu'avant elle , il étoit beaucoup plus aifé aux Rois de Pologne de fe ménager dans les grands Généraux feuls des créatures dévouées , qu'il ne l'eft aujourd'hui de fe rendre maîtres des délibérations d'un confeil de 16 citoyens.

Avant l'établiffement de ce confeil , & encore pendant l'Interrégne , on avoit créé un collège compofé du même nombre de perfonnes que la commiffion de guerre pour régir avec les grands Tréforiers les finances de l'Etat. Ces derniers les adminiftroient autrefois prefque fouverainement , ils amaffoient des richeffes immenfes & le Tréfor public toujours épuifé fourniffoit à peine aux premiers befoins de l'Etat. La commiffion du Tréfor a corrigé ces abus ; l'Etat eft plus riche : les finances mieux recueillies & dépenfées avec plus d'économie promettoient déja avant les troubles une adminiftration plus régulière.

L'établissement de ces deux commissions si utiles, si favorables au bon ordre donna des ennemis irréconciliables au Roi dans tous ceux dont l'autorité fut diminuée. L'intérêt de la Patrie, son bonheur, sa puissance si essentiellement liés avec cette réforme n'ont jamais été des motifs suffisans pour engager ces Messieurs à oublier leurs ressentimens des privations particulières qu'elle leur a imposées. Leurs clameurs ont séduit beaucoup d'ignorans ; il est reçû aujourd'hui parmi cette partie de la Nation qu'ils conduisent, qu'en abaissant les prérogatives de ces charges, surtout de celles des grands Généraux, le Roi cherchoit à détruire une barrière destinée à protéger la liberté contre le pouvoir du sceptre : bien des gens qui, dans l'abus de ces grandes charges trouvoient en sous-ordre des agrémens & des commodités, devinrent les échos des plaintes de leurs supérieurs, & aidèrent a faire envisager les changemens susdits, comme des véritables playes faites à l'Etat. Ce sont-là, Monsieur, les griefs dont l'ignorance où l'artifice osent charger le Roi, c'est le fondement de ce passage du Libelle où l'auteur accuse le Roi d'avoir méprisé les loix cardinales, d'avoir abaissé les familles les plus diftinguées & détruit l'autorité des Grands.

En blamant ceux qui ont trompé la Nation il convient cependant d'ajouter ce qui peut excufer la facilité avec laquelle cette Nation s'eft laiffée féduire. Affoupie par une ftagnation fans exemple de trente années confécutives , c'eft-à-dire , pendant tout le régne d'Augufte III. fous lequel aucune Diette n'a tenu , & par confé-quent aucune loi n'a été portée ni aucun abus réformé ; réveillée enfuite tout-à-coup par quatre Diettes actives qui depuis 1764. jufqu'en 1766. produifirent toutes les réformes dont nous avons parlé ci-deffus ; il devoit être facile de perfuader à la partie mal inftruite de cette nation que toutes nouveautés étoient dangereufes & qu'il étoit impoffible que fon Roi ne les eût defirées que par le feul amour du bien public. Elle devint bientôt par les artifices déja décrits, fufceptible de mille inquiétudes , de mille terreurs paniques. Ces foins pervers furent fi adroitement ménagés que les écrits publics répandus ici en 1767. & qui, fans rien fpécifier ne parloient en général que de vues d'ambition démefurée, de projets auffi profonds que dangereux à la liberté , préparèrent déjà la commotion générale dont on recueille les fruits aujourd'hui.

Le criminel auteur du Libelle met le comble à fa méchanceté & à fes impoftures en accufant le Roi de Pologne d'avoir été le complice de l'enlévement des prifonniers à la Diette de 1767. comment peut-on fans s'appuyer ni s'autorifer des preuves les moins fufpectes charger fon Souverain de pareils forfaits ? Qu'allégue-t-il pour prouver cette infigne calomnie ? „ On „ n'a pas vû dit-il, dans Votre Majefté cette „ fenfibilité paternelle que devoit caufer la perte „ de trois citoyens auffi vertueux " : fans doute ceux qui n'ont point voulû la voir ne l'ont point vue. Il eft fi vrai que le Roi a été pénétré de douleur de ce funefte accident, & fi occupé des moyens de le réparer qu'immédiatement après il fit ordonner par les Etats une députation folemnelle pour demander la liberté des prifonniers. Non content de cette démarche, le Miniftère fit remettre par fon ordre un mémoire preffant à celui de Ruffie pour le même objet. Ces faits publics furent appuyés par mille autres inftances particulieres & fecrètes qui n'eurent pas plus de fuccès que les autres. Ce n'eft pas ici le lieu de les détailler, mais

on peut affurer fur tout ce qu'il y a de refpecta-
ble qu'elles ont été faites, & on en appelle à
cet égard au témoignage des gens qui dans les
les deux Cours font à même d'en attefter la
réalité.

Que les Ambaffadeurs de Ruffie qui fe font
fuccédés depuis le commencement des troubles
jufqu'aujourd'hui rendent hommage à la vérité;
Qu'ils difent combien de foins, d'inftances,
d'importunités même, ils ont éprouvé de la
part du Roi pour réprimer l'indifcipline des
troupes, pour adoucir les maux néceffaires,
pour éviter les incendies &· les pillages, pour
délivrer les malheureux tombés entre les mains
des commandans de léurs troupes, & nommé-
ment en faveur de ceux des Confédérés qui
ont le plus ravagé les terres du Roi & le plus
intercepté fes revenus. Ce font-là, Monfieur,
des faits connus ici, auffi vrais & auffi réels
que l'exiftence de l'ètre fouverain que l'on prend
à témoin de leur réalité.

Si l'Auteur d'un Libelle pouvoit ètre un homme qui aimat à dire la vérité, il n'auroit pas
taxé d'ingratitude envers fa nation un Roi qu'on
a vû propofer lui-mème aux Diettes de renoncer à différens avantages dont il jouiffoit par les

loix de fon pays & par les *Pacta Conventa*, lorfqu'il a jugé ces renonciations utiles à l'Etat. A la Diette de 1766. le Roi ayant propofé l'abolition des douanes de province à province qui gênoient le commerce intérieur : la Diette voulut compenfer le revenu que la Cafette du Roi perdoit à ce changement : le Roi refufa cette offre pour lui-même , mais demanda qu'elle fut appliquée au maintien du corps des Cadets dont tout les fraix d'Erection furent donnés par le Roi en pur don à la République.

La réparation de la Forterefle de Kaminiek , le rétabliflement des fonderies & autres articles rélatifs à l'artillerie de la République faits aux dépens du Roi , fes débourfés en différens tems pour les troupes de l'Etat au défaut du Tréfor de la République & pour le foutien de fes Miniftres dans les Cours étrangères , tout cela font des faits authentiques prouvés par les régiftres de l'Etat , auxquels aucune loi, aucun engagement n'ont obligés le Roi ; & que fon vrai Patriotifme feul lui a infpirés. Et c'eft ce Roi qui facrifie la moitié des revenus de fon Domaine particulier pour épargner des contributions à fes fujets ; ce Roi que l'on a vû hazarder fa propre exiftence pour ne pas bleffer

non-

non-seulement les intérêts , mais même les ca-prices de sa nation ; c'est ce Roi qu'un vil calomniateur ose accuser d'insensibilité aux maux de sa Patrie , & qui va même dans l'excès de son délire, jusqu'à l'en dénoncer le complice.

Vous avez été , Monsieur , sans le savoir, l'éditeur d'une coupable satire , instruisez le public de votre erreur , & communiquez lui les observations que je vous envoye.

Les soi-disants Confédérés tant dans leurs écrits que dans leurs insinuations aux Cours étrangères ont osé dénoncer l'Election du Roi de Pologne régnant comme illégale , entant qu'elle est selon eux le résultat de la force op-pressive des armées de Russie.

Pour détruire cette assertion fausse & controu-vée ; il faut reprendre les choses du commence-ment de l'Interrégne.

Dans un conseil tenu dans le mois de Décem-bre 1763. chez le Roi aujourd'hui régnant, alors Stolnik de Lithuanie, composé de tout ce qu'il y avoit dans la Capitale de plus considéra-ble , de meilleurs patriotes , & de mieux ins-truit ; on délibéra sur les moyens de prévenir la guerre civile que l'interrégne paroissoit être sur le point de faire naître.

C

On y obferva 1°. que le grand Général de la Couronne Branicki fe permettoient les abus les plus violents des pouvoirs de fa charge & que la Cour de Saxe avoit ordonné à fes trois Pulks d'Hulans d'obéir à fes ordres.

2°. Que le grand Général en avoit même déja donné à un de ces Pulks pour qu'il favorifat la correfpondance de Saxe avec Varfovie.

3°. Que la Saxe, Puiffance étrangère à la Pologne depuis la mort d'Augufte III. ayant fourni des troupes au grand Général pour augmenter fon pouvoir au-delà des bornes légales de fa charge, avoit des vues qui devoient allarmer tout Polonois Patriote.

4°. Que quand même on voudroit dire qu'il eft permis à la Saxe de licentier des troupes à elle, & qu'il eft permis à ces troupes de prendre fervice chez qui elles veulent, & qu'il eft permis au grand Général comme à tout Seigneur Polonois de foudoyer à fes frais autant des troupes qu'il veut; le grand Général s'il vouloit fe borner à ce qui lui eft prefcrit par fon ferment pour les tems d'interrégne n'auroit aucun befoin d'acquérir des troupes étrangères.

5°. Qu'en conféquence la prudence dictoit à tout bien intentionné de pourvoir aux moyens

de fe préferver, ainfi que l'Etat, de la prépondé-
rance que vouloit fe donner le grand Général
par des moyens femblables & que fur ce fondement. . . . . . .

6°. Il paroiffoit néceffaire de prier l'Impératrice, ou de donner à fes amis en Pologne des
fubfides qui les miffent en état de lever des
troupes fuffifantes pour faire tête à qui voudroit
en impofer illégalement au droit commun de
tous les nobles Polonois pendant l'Interrégne;
ou comme ce moyen paroiffoit trop long vû
le peu de tems qui reftoit jufqu'au terme pro-
bable de l'Election, on trouva qu'il convenoit
de prier l'Impératrice que de fon côté, elle li-
centiat quelques troupes qui euffent à devenir
troupes domeftiques des particuliers préfens à
cette conférence & de leurs amis.

Le Stolnik de Lithuanie Poniatowski ayant
opiné qu'il ne falloit fous aucun titre introduire
les troupes Ruffes en Pologne, l'Ambaffadeur
de Ruffie Comte Kayferling qui étoit préfent à
cette conférence lui dit. „ S'il ne vient point
„ ici de troupes Ruffes vous ne ferez pas Roi. “
Le Stolnik répondit : „ que je ne le devienne
„ pas & qu'il n'y ait point de reproches à
„ nous faire.

Sur cela deux des perſonnages les plus reſ-
pectables préſents à cette conférence répliquè-
rent en ces termes. „ Il ne s'agit pas ſeulement
„ que vous, Monſieur, deveniez Roi, mais
„ il s'agit auſſi d'empêcher les horreurs d'une
„ guerre civile; le ſeul moyen d'ôter aux mal
„ intentionnés l'envie de la faire, c'eſt de leur
„ en impoſer en montrant des forces & en laiſ-
„ ſant appercevoir un appui capable de les écra-
„ ſer, nous ne commencerons pas les hoſtili-
„ tés, mais il nous faut à préſent ce ſecours
„ marqué, & ſi le grand Général & ceux qui
„ tiennent avec lui empiétent hautement ſur les
„ loix, il nous faudra des ſecours même plus
„ conſidérables & plus avoués.
Cet avis fut adopté & l'Ambaſſadeur promit
d'écrire à ſa Cour en conſéquence.

Peu de tems après le grand Général ſe donna
carriere aux Dietines de Volhynie où douze
compagnies Polonoiſes commandées exprès y
impoſerent la loi des intentions du grand Général; à celle de Braclaw 200 hommes des
troupes de la République ont exécuté le ſabre
à la main, & en répandant le ſang, les volon-
tés du grand Général. Dans le Palatinat de
Kyovie, le grand Général a ordonné ſous peine
militaire, le renouvellement des contributions
reconnues illégales lors de la caſſation des reſ-
cripts Royaux rélatifs à l'affaire d'Oſtrog. Dans
le Palatinat de Belsk & dans la terre de Dobrzyn
des livraiſons militaires furent impoſées arbi-
trairement par le grand Général. Dans le Palatinat de Cujavie la liberté de l'établiſſement

des jugemens capturaux gênés ſelon ſes ordres par les troupes de la République, un nombre conſidérable d'icelles commandé exprès à la Dietine de Graudentz & qui y ont exercé des violences ſanglantes; les ordres donnés à une grande partie des troupes de la République, de ſe raſſembler autour de Bialystok; enfin le nombre des troupes de la République conduites par le grand Général à Varſovie vers le tems de la Diette de convocation; tous ces faits réunis ſe trouvant directement contraires à la loi de 1668. dans laquelle ſe trouvent ces mots.

,, Les grands Généraux n'introduiront dans
,, aucun tems, & ſurtout pendant celui de
,, l'Election les troupes de l'Etat, en tout ni
,, en partie dans le cœur du Royaume, mais les
,, tiendront ſur les frontières, ſous peine d'être
,, cenſés ennemis de la Patrie. ‘‘

Et au ferment des grands Généraux preſcrit par la conſtitution de --- 1717. dans ces termes:
,, Pendant l'Election des Rois, je tiendrai l'ar-
,, mée & ma perſonne ſur les frontieres; ſous
,, aucun prétexte je ne me mèlerai d'aucune
,, faction rélative à l'Election, & je n'obéirai
,, qu'aux ordres de la République réunie. ‘‘

Il s'enſuit, que les bons citoyens Polonois ne trouvant plus dans les loix le maintien de cette liberté à laquelle ils ont tous un droit égal, & voyant dans la perſonne du grand Général un homme plus fort que la loi, & actuellement occupé à l'enfreindre, & à aſſervir ſes concitoyens, ils ont dû uſer des ſecours & des troupes de l'Impératrice de Ruſſie pour ſe mettre à couvert de l'oppreſſion ultérieure dont ils avoient déja éprouvé les effets ſanglants.

Les troupes Ruſſes entrèrent en Pologne au mois de Mars ; les Dietines dont on a parlé ci-deſſus ont eû lieu en Février 1764 , leur préſence a empêché les troupes de la République commandées par le grand Général , & celles du Prince Radziwil , malgré la férocité tant éprouvée de leurs chefs , de faire aucune violence dans Varſovie , comme elles n'y en ont fait aucune elles-mèmes avant & pendant la convocation.

Cette Diette étant par ſa nature du nombre des Diettes où la pluralité décide , ne fut point invalidée par les proteſtations & la retraite d'un petit nombre de ſes membres ; elle continua légalement ſes opérations , & conſtituant le corps ſouverain de la République , elle demanda authentiquement l'aide armée de l'Impératrice de Ruſſie contre quiconque voudroit en troubler la tranquillité , en déſobéiſſant aux ordres de cette Diette.

Par le mème pouvoir ſouverain , elle étoit maîtreſſe , non-ſeulement de donner des loix à la nation ; mais auſſi de tranſiger avec les Puiſſances étrangères ; elle uſâ de ces deux droits , en accordant les titres d'Impératrice & de Roi aux ſouverains de la Ruſſie & de la Pruſſe ; en ſuſpendant le pouvoir des Généraux de la Couronne , tranſgreſſeurs de leurs ſermens ; en donnant par interim le commandement des troupes de la Couronne au Prince Czartoryski Palatin de Ruſſie, ſous le titre de Régimentaire général ; en faifant agir de concert les troupes de l'Etat avec celles de Ruffie contre cette partie des troupes de l'Etat que le grand Général faifoit encore agir en oppofition aux ordres de la Diette conjointement avec les troupes que la Saxe lui avoit fournies. L'effet des ordres de la Diette donnés à cet égard au mois de Mai fut fi heureux & fi prompt, que toutes les troupes de la République, après quelques petits combats, pafferent fous les ordres du Régimentaire général, & la Pologne fut entierement tranquille bien avant le tems de l'Election.

Le jour que la Diette de convocation finit, le 23. Juin fe forma à Varfovie la Confédération générale dont encore le même Palatin de Ruffie fut élu Maréchal ; & laquelle ftipula expreffément que par ce nœud de Confédération la liberté dans le fens le plus étendu, c'eft-à-dire exigeant l'unanimité feroit refervée à tout vôtant préfent à l'Election future. Tous les Palatinats fans exception y accéderent, & tous convinrent de fe faire repréfenter au champ d'Election par un nombre fixe de députés, en laiffant cependant la liberté à tout gentilhomme poffeffionné de venir au champ d'Election & d'y voter avec les députés ou nonces du Palatinat dont il fe trouveroit être habitant poffeffionné & noble.

En conféquence la Diette d'Election commença le 27. d'Août, après les préliminaires de cette Diette expédiés, au jour du fix réfervé à la fignature des fuffrages, la Nation affemblée en corps fufpendit fon état de pluralité pour laisser le droit du *liberum veto* dans toute son étendue à chacun des membres de cette assemblée, mais dont aucun ne se prévalut, de sorte que l'Election fut réellement unanime. Le nombre des votants qui ont signé l'Election de Stanislas Auguste, fut de 5584. personnes dont les noms se trouvent dans l'acte de l'Election, laquelle fut solemnellement promulguée le 7. de Septembre avec toutes les cérémonies requises.

De ce nombre (des votants) furent le Palatin de Kyovie Potocki, & plusieurs autres de ceux qui après avoir protesté contre la Diette de convocation, s'en étoient absentés ; le reste de ceux qui avoient fait de pareilles protestations dans le même tems que ceux qu'on vient de nommer, revinrent successivement dans le pays, en signant dans des Greffes publics qu'ils rescindoient de la protestation qu'ils avoient faite contre la Diette de convocation, de sorte qu'il ne resta pas une ombre d'objection à la validité parfaite de l'Election du Roi régnant de Pologne, à laquelle. & à plusieurs Milles de laquelle il ne se trouva pas un seul soldat Russe.